Edition Schott

Giovanni Battista Sammartini
1701 – 1775

Sonata

for Violoncello and Piano
für Violoncello und Klavier

G major / G-Dur / Sol majeur

Arranged by / Arrangiert von
Alfred Moffat
Revised by / Revidiert von
Eugen Rapp

CB 55
ISMN 979-0-001-01692-6

www.schott-music.com

Mainz · London · Berlin · Madrid · New York · Paris · Prague · Tokyo · Toronto
© 1911 SCHOTT MUSIC GmbH & Co. KG, Mainz · © renewed 1949 SCHOTT MUSIC Ltd, London · Printed in Germany

Sonate*)

G~Dur / Sol majeur / G major

Arrangiert von Alfred Moffat
Revidiert von Eugen Rapp

Giovanni Battista Sammartini
1701 - 1775

*)Quelle: Sonate da Camera à Violoncello Solo col Basso continuo. Paris chez Le Clerc, ca. 1740

6

Violoncello

Sonate *)

G - Dur / Sol majeur / G major

Arrangiert von Alfred Moffat
Revidiert von Eugen Rapp

Giovanni Battista Sammartini
1701 - 1775

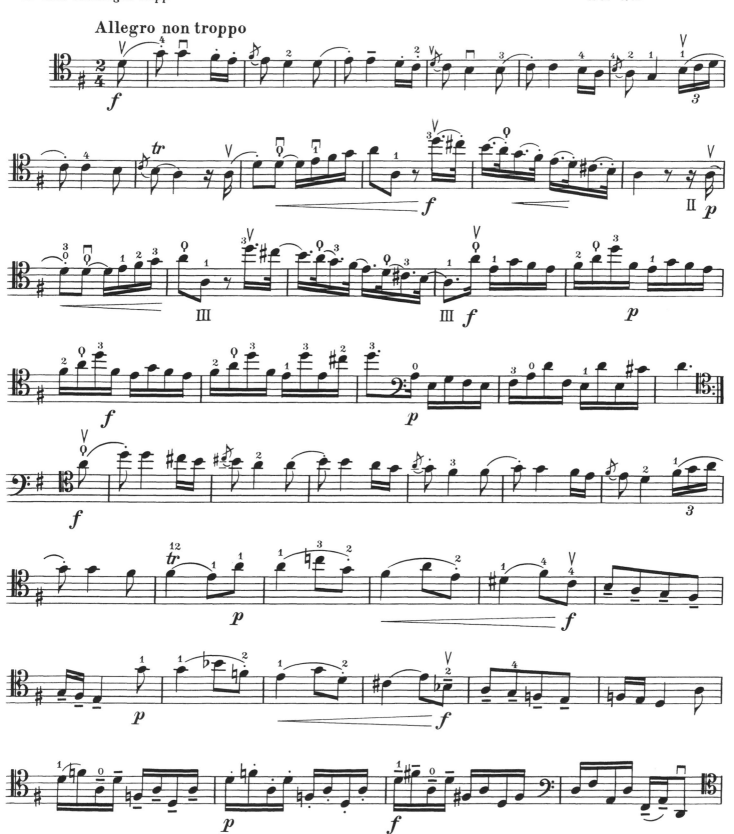

*) Quelle: Sonate da Camera à Violoncello Solo col Basso continuo. Paris chez Le Clerc, ca. 1740

© 1911 Schott Music GmbH & Co. KG, Mainz
© renewed 1949 Schott Music Ltd, London

Printed in Germany

CB 55

Violoncello

Sonate *)
G - Dur / Sol majeur / G major

Arrangiert von Alfred Moffat
Revidiert von Eugen Rapp

Giovanni Battista Sammartini
1701 - 1775

Allegro non troppo

*) Quelle: Sonate da Camera à Violoncello Solo col Basso continuo. Paris chez Le Clerc, ca. 1740

© 1911 Schott Music GmbH & Co. KG, Mainz
© renewed 1949 Schott Music Ltd, London

Printed in Germany

CB 55

Schott Music, Mainz 29 056

Grave con espressione

8

10